AF369695

VENTE

DU SAMEDI 28 MARS 1885

Salle N° 8

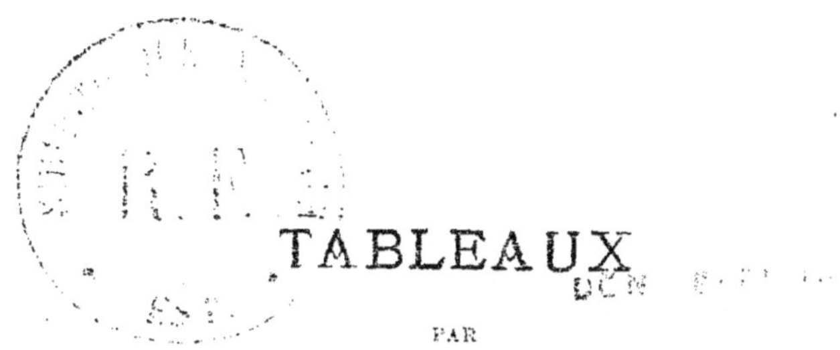

TABLEAUX

PAR

TROUILLEBERT

Me HENRI LECHAT
COMMISSAIRE-PRISEUR
6, r. Baudin, square Montholon

M. JULES CHAINE
EXPERT
5, rue de la Paix

EXPOSITION PUBLIQUE LE VENDREDI 27 MARS 1885

DE 1 HEURE A 5 H. 1/2 SALLE N° 8

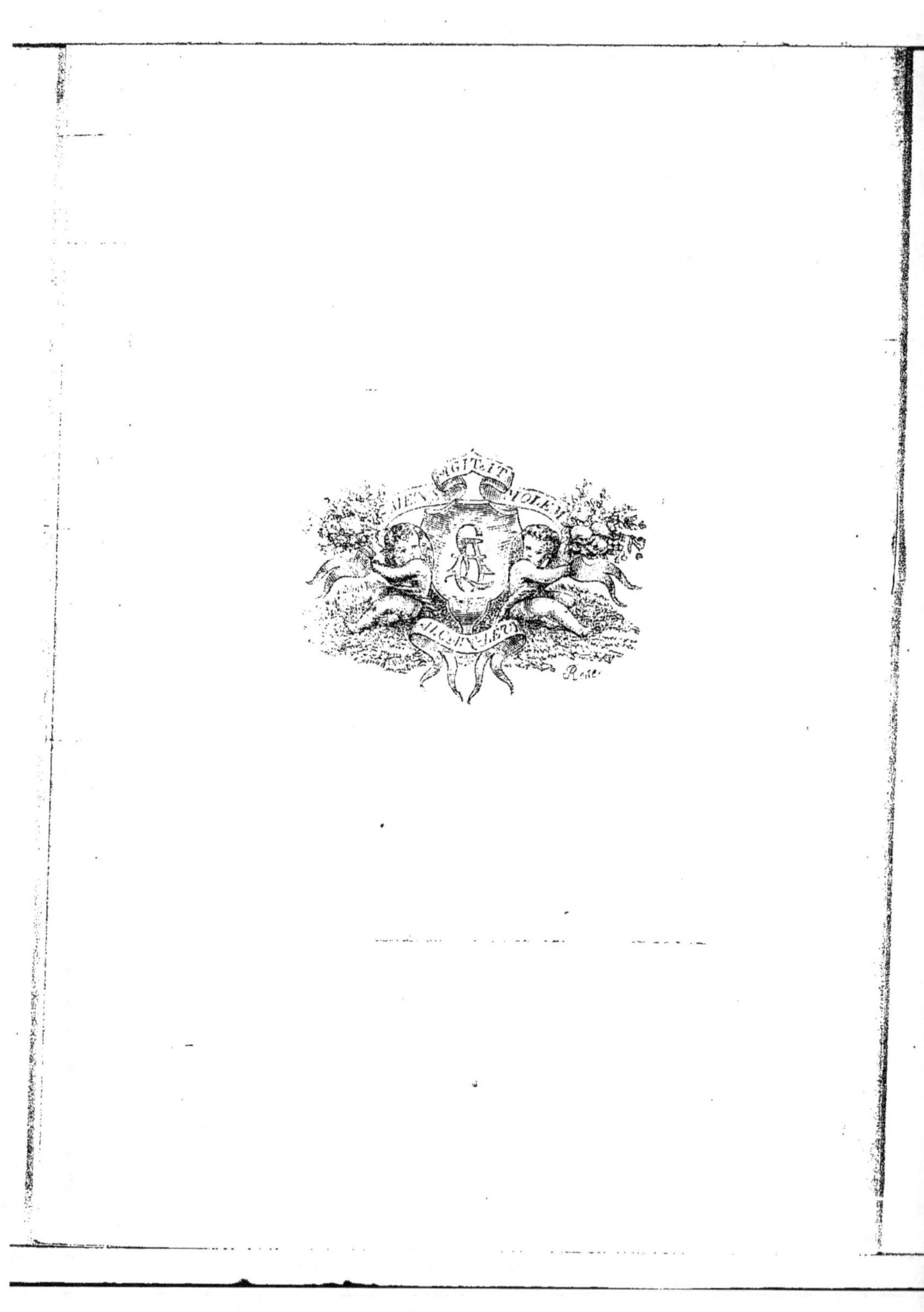

CATALOGUE

CONDITIONS DE LA VENTE

La vente sera faite au comptant.

Les acquéreurs payeront cinq pour cent en sus des enchères applicables aux frais.

Imprimerie Alcan-Lévy, 18, passage des Deux-Sœurs

CATALOGUE

DES

TABLEAUX

PAR

TROUILLEBERT

DONT LA VENTE AURA LIEU

HOTEL DROUOT

Salle N° 8

LE SAMEDI 28 MARS 1885

A 2 heures et demie

COMMISSAIRE-PRISEUR

M° Henri LECHAT, 6, rue Baudin (square Montholon)

EXPERT

M. Jules CHAINE, 5, rue de la Paix

Chez lesquels on délivre le Catalogue

EXPOSITION PUBLIQUE LE VENDREDI 27 MARS

De 1 heure à 5 heures 1/2

TABLEAUX

PAR

TROUILLEBERT

DÉSIGNATION :

1. TOURBIÈRE A PICQUIGNY-SUR-SOMME.

L. 0.81 — H. 0.61

2. UN MAUVAIS CHEMIN A LIGAUDIÈRE; *Poitou*.

L. 0.81 — H. 0.60

3. L'Ile de la Grande-Jatte.

L. 0.81 — H. 0.65

4. Les Pêcheurs.

L. 0.81 — H. 0.65

5. Le Clocher de Meaulne-sur-l'Aumance; *Allier*.

L. 112 — H. 0.25

6. Saulée au bord de la Creuse.

L. 0.32 — H. 0.19

7. Le Chemin des Etangs a Picquigny-sur-Somme.

L. 0.19 — H. 0.14

8. Le Moulin a farine au Blanc; *Indre*.

L. 0.55 — H. 0.38

9. La Maison du Garde-Chasse au Coudray ; *Normandie*.

L. 0.32 — H. 0.26

10. Prairie au bord de l'Andelle.

L. 0.27 — H. 0.22

11. Le pont Saint-Cyprien a Poitiers.

L. 0.46 — H. 0.32

12. La Chaussée du Coudray ; *Orne*.

L. 0.61 — H. 0.46

13. Lavoir sur le Clain a Poitiers.

L. 0.46 — H. 0.32

14. Le Pont du Chemin de fer a Romorantin.

L. 0.48 — H. 0.26

15. Moulin abandonné; *Normandie.*

> L. 0.32 — H. 0.41

16. Laveuses au bord de la Saudre a Romorantin.

> L. 0.55 — H. 0.38

17. Moulins des Garçonnets a Romorantin.

> L. 0.55 — H. 0.38

18. Un Bras de la Seine a Poses; *Normandie.*

> L. 0.28 — H. 0.46

19. L'Usine a Gaz a Poitiers.

> L. 0.41 — H. 0.32

20. Une Ile sur la Creuse.

> L. 0.55 — H. 0.46

21. LA VANNE A LIGAUDIÈRE ; *Poitou*.

L. 0.61 — H. 0.50

22. UNE ÉCOLE DE NATATION SUR LE CLAIN A POITIERS.

L. 0.55 — H. 0.46

23. UN PONT SUR LE COSSON A BLOIS.

L. 0.55 — H. 0.38

24. LA BLANCHISSERIE DU COURS A POITIERS.

L. 0.55 — H. 0.38

25. ANDRÉSY.

L. 0.55 — H. 0.38

26. FAUBOURG DE POITIERS DOMINANT LE CLAIN

L. 0.55 — H. 0.38

27. Moulin a Zaandam; *Hollande*.

L. 0.41 — H. 0.32

28. La Saudre; *Romorantin*.

L. 0.55 — H. 0.39

29. Le Chemin du bac a Canteloup; *Normandie*.

L. 0.46 — H. 0.55

30. Une Scierie sur le Clain a Poitiers.

L. 0.36 — H. 0.29

31. Le Moulin du Chapitre a Romorantin.

L. 0.36 — H. 0.29

32. Une Usine sur le Clain a Poitiers.

L. 0.34 — H. 0.30

33. Moulin sur le Clain a Poitiers.

L. 0.35 — H. 0.27

34. Une Auberge au bord de la Seine; *Normandie.*

L. 0.41 — H. 0.32

35. L'Ile des Dames a Mantes.

L. 0.20 — H. 0.12

36. Canal a Zaandam ; *Hollande.*

L. 0.32 — H. 0.21

37. La Gardeuse d'Oies.

L. 0.38 — H. 0.55

38. La Source.

L. 0.26 — H. 0.48

39. La Chasse.

L. 0.33 — H. 0.55

40. La Vérité.

L. 0.70 — H. 0.42

41. Une Ferme dans le Poitou.

L. 0.45 — H. 0.35

42. Un Coin de Romorantin.

L. 0.46 — H. 0.41

43. Les Chantiers de Dordrecht.

L. 0.55 — H. 0.38

44. Au bord de l'Epte.

L. 0.27 — H. 0.22

Paris, le 20 Mars 1885.

M. TROUILLEBERT prie M.
de lui faire l'honneur de visiter l'Exposition de
ses Tableaux, qui aura lieu le VENDREDI 27 MARS,
de 1 heure à 5 heures et demie, *Hôtel Drouot,
Salle N° 8*

La vente des Tableaux de M. TROUILLEBERT
aura lieu à l'hôtel Drouot, salle N° 8, le 28 Mars, par
le ministère de Me HENRI LECHAT, commissaire-
priseur, assisté de M. JULES CHAINE, expert.